给孩子的简明中国史

A Child's History of China

太喜欢历史了！

知中编委会 编著

贰 春秋战国

中信出版集团 | 北京

图书在版编目（CIP）数据

太喜欢历史了！给孩子的简明中国史 / 知中编委会
编著. -- 北京：中信出版社, 2019.4（2025.9 重印）
ISBN 978-7-5086-9375-0

Ⅰ.①太… Ⅱ.①知… Ⅲ.①中国历史－少儿读物
Ⅳ.①K209

中国版本图书馆CIP数据核字(2019)第013398号

春秋战国（太喜欢历史了！给孩子的简明中国史）

编　　著：知中编委会
出版发行：中信出版集团股份有限公司
　　　　　（北京市朝阳区东三环北路27号嘉铭中心　邮编　100020）
承 印 者：北京联兴盛业印刷股份有限公司

开　　本：787mm×1092mm　1/16　　印　　张：4.75　　　　字　　数：90千字

版　　次：2019年4月第1版　　　　印　　次：2025年9月第32次印刷

书　　号：ISBN 978-7-5086-9375-0

定　　价：398.00元

春秋战国

ZHI CHINA
知中

太喜欢历史了！
给孩子的简明中国史

出版人 & 总经理
苏静

艺术指导
汉堡

内容监制
叶扬斌

撰稿人
郭怡菲 / 罗灿 / 书鱼 / 徐乐 / 许峥 / 李艺 / 绪颖 /
陆西渐

插画师
Ricky/ 蒋讲太空人 / 子鱼非 / 黄梦真 /Zoey /
Yoka

策划编辑
王菲菲 / 苏静

责任编辑
陈鹏 / 叶扬斌 / 刘莲

营销编辑
马英 / 谢沐 / 张雪文 / 严婧 / 刘天怡

联系我们
zhichina@foxmail.com

发行支持
中信出版集团股份有限公司，北京市朝阳区惠新
东街甲 4 号，富盛大厦 2 座，100029

微博账号
@ 知中 ZHICHINA

微信账号
ZHICHINA2017

春秋战国

文：郭怡菲

绘：蒋讲太空人（时代背景）
　　Ricky（衣食住行，历史事件）

春秋战国，群雄争霸

自公元前770年开始，中国迎来了历史上第一次大分裂——春秋战国时期。在这段时间里，迁都洛邑（今河南洛阳）后的周王朝变得软弱无能，渐渐失去了对各个封地的威慑力。当然，周王朝的衰落也被其封地的诸侯们看在眼里。

于是，诸侯们开始盘算着从周王朝手里夺过王权。但想要夺得王权的诸侯并不只是一两个，有兵力的诸侯国都想分一杯羹（gēng）。于是引发了诸侯国之间长达几百年的短兵相接，不少诸侯及诸侯国从这样的混战中脱颖而出，比如春秋时以齐国为首的"春秋五霸"，战国时更有相互制衡的"战国七雄"。诸侯们为了增加自己的实力，都纷纷面向全国各地招揽贤士。这些来自社会各个阶层的人才，有的精通政治经济改革，有的知晓天文地理知识，他们自由地表达自己的观点，共同创造了辉煌灿烂的百家争鸣时代。

诸侯间的战争一直持续了500多年，直到公元前221年，战国七雄之一的秦国吞并六国、完成统一，动荡的春秋战国时期也就在这一年正式结束了。

生活在春秋战国

（衣）

　　春秋战国时期，一种可以把身形深藏起来的衣服款式在社会各阶层间十分流行，这就是深衣。深衣其实就是把上衣下裳连到一起，跟现代社会的连衣裙有点相似。因为穿着方便，贵族习惯把由细麻或丝绸制成的深衣当作家居便服，但对普通百姓来说，深衣只能作为重要场合的礼服，在他们眼中，粗麻或者兽毛做成的短褐（duǎnhè）才是平日的最佳选择。短褐与深衣最大的区别就是短褐更便于行动，对平时忙于耕作生产的普通百姓来说，宽大松散的深衣实在太不实用啦！

　　想象一下，你正走在春秋战国时期的城市街道上，迎面走来两个衣着不同的人，你会怎样去判断他的身份呢？

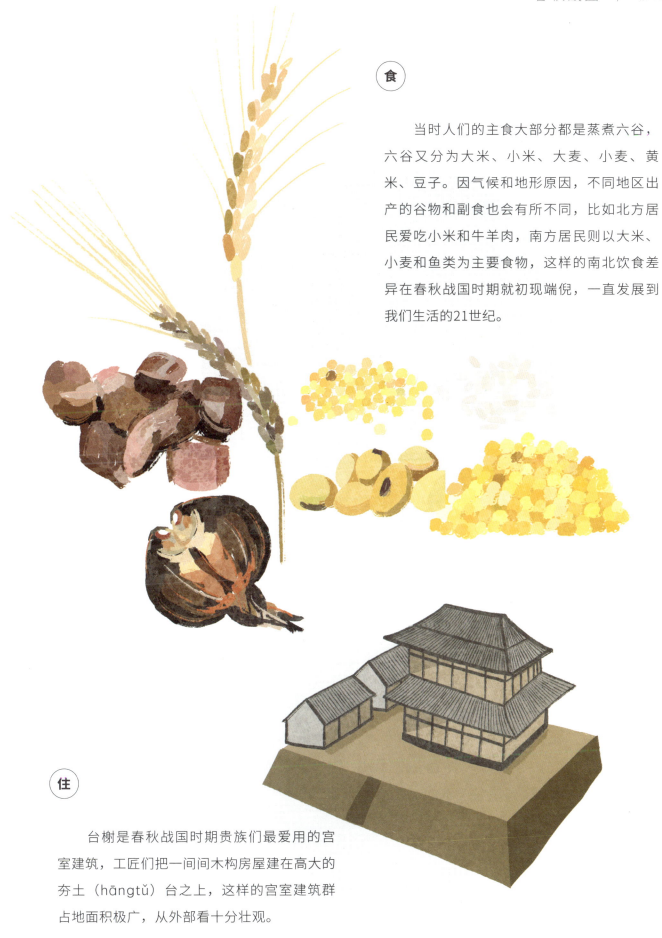

食

　　当时人们的主食大部分都是蒸煮六谷，六谷又分为大米、小米、大麦、小麦、黄米、豆子。因气候和地形原因，不同地区出产的谷物和副食也会有所不同，比如北方居民爱吃小米和牛羊肉，南方居民则以大米、小麦和鱼类为主要食物，这样的南北饮食差异在春秋战国时期就初现端倪，一直发展到我们生活的21世纪。

住

　　台榭是春秋战国时期贵族们最爱用的宫室建筑，工匠们把一间间木构房屋建在高大的夯土（hāngtǔ）台之上，这样的宫室建筑群占地面积极广，从外部看十分壮观。

（行）

马车是春秋战国时期主要的交通工具，贵族们出行要用马车，诸侯国之间打仗更是会用到马拉着的战车。战车通常由四匹马在前拉动，三名士兵站在后面的车上，这样的战车也叫"驷（sì）"。士兵之间也有明确的分工，站在战车中间的是用缰绳驾驭马匹的御者，左边是负责射箭的"车左"，右边则是负责用戈或者戟刺杀敌人的"车右"。

马车对于生活在春秋战国时期的人们来说十分便利，但各个国家不一样的车轨却让人们非常头疼。因为每个国家都按自己的标准去制定车轨，人们驾车去到别的国家时就不得不换一辆马车，这种麻烦的程序一直持续到战国末年。

06

知识充电站

万乘之国

拥有一万辆战车的国家，形容一个国家兵力强大。

（用）

　　比青铜器更锋利的铁器在春秋初期开始渗入人们的生活。人们自从开始使用铁制的农具、手工工具后，生产力飞速提升，农产品能实现自给自足，商周时期的奴隶制也在这一时期有所动摇。不过，铁兵器的运用并没有农具那么广泛。

　　金属货币的使用在春秋战国时期已经趋于稳定，但每个国家的货币都各不相同，主要流通的有布币、刀币、圆形方孔钱和蚁鼻钱四种。

01

东周时代开启！
为什么同时有两个王？

▲ 周平王不允许史书记载关于惠王的事。

"二王并立"局面的形成

还记得上一册那位因为"烽火戏诸侯"而惹怒全国的周幽王吗？自从这位周幽王因宠爱褒姒（Bāo Sì）而废掉了申后和太子宜臼（Yíjiù），申后的父亲申侯便对这位昏庸的君主失去了耐心。于是，烽火戏诸侯发生后，申侯立即联合早已蠢蠢欲动的缯国跟犬戎进攻周幽王。

最后，周幽王死在了骊山脚下，废太子宜臼被申侯等诸侯迎回宫中，即位成为周平王。然而，这时候的镐京城内已经布满了进驻的犬戎部落。

年幼的周平王知道，自己短时间内无法与这些善战的犬戎抗争，于是他决定先迁都到东边的洛邑。当时，带头护送王室的是秦国君主秦襄公。

而另一边，以虢（Guó）公翰为首的诸侯们并没有跟随周平王。他们认为，周幽王的

世界大事记 中国

公元前776年 古希腊第一届奥运会在奥林匹亚召开

公元前770年 周平王东迁都至洛邑

死肯定跟周平王脱不了干系。更何况周平王本来就是废太子，又怎么能够继承王位呢？于是，虢公翰等诸侯转而在莫国拥护周幽王的弟弟余臣为王。周王室"二王并立"的分裂局面正式形成。

东周的形成

"二王并立"这个词听起来似乎是说两个王实力相当，但事实并不是这样。余臣即位时已经二十多岁，在治理国家方面，他肯定强过刚满十岁的周平王。余臣执政的这些年里，内政外交深得人心，莫国百姓都称他为"惠王"。

十年过去了，年幼的周平王终于年满二十岁，到了"弱冠"之年。

这十年里，周平王是听着称赞"惠王"的声音长大的，因此，他对这位叔叔一直恨得牙痒痒。而且跟他一样记恨余臣的人还有许多，晋国君主晋文侯就是其中一位。从地理角度来看，莫国位于晋国的北方。余臣称王后，莫国境内风调雨顺，成为一方强国。但是，莫国的强大却成了晋国向北扩张的最大阻碍。为了扫清障碍，晋文侯派出刺客结束了余臣的政权。紧接着，他又带着余臣的死讯赶到洛邑，归顺了周平王。就这样，周王朝多年的分裂局面终于统一，这个以洛邑为都城的新政权就是东周。

成语讲堂

讳莫如深

原指因事关重大，大家都不敢去谈论，后指把事情真相隐瞒得很深。讳：隐讳；深：事件重大。

▼ 惠王（即周携王）选贤用能，深得人心。

09

02

击败叛乱的弟弟

郑

▲ 郑庄公与母亲武姜和好。

公元前721年 亚述国王萨尔贡二世灭以色列国

公元前722年 郑庄公平定共叔段之乱，鲁史《春秋》开始记载

偏心的母亲

东周完成统一后，诸侯们依旧定期朝觐天子，但坐在王位上的天子早已成为一个有名无实的身份。周平王在行使权力时，常常需要邻国郑国的扶持。

当时郑国的君主是郑庄公姬寤生（Jī Wùshēng），寤生是逆着出生的意思。他的母后武姜，因为在生产寤生时看到他的脚竟比头先出来，所以给他起名"寤生"。

这次生产的状况一直让武姜郁郁寡欢，难以真心爱护郑庄公。后来，武姜又正常诞下一子，取名叔段。从此，武姜的眼里就只容得下这位小儿子，甚至在郑庄公被封为太子后，都想为叔段夺取太子之位。郑庄公将这一切看在眼里，记在心里，并没有过多抱怨什么。

郑庄公即位后，武姜立马跑来请求他将京邑赐给叔段。郑庄公也没多问什么，一口应允。可叔段接管京邑后，丝毫不关心百姓生活。每日只顾扩宽城墙，储备粮草，想来是为以后攻打国都、抢夺王位做准备。多位大臣见状，都提醒郑庄公："大王，您一定要提防着叔段的篡位之心啊！"

郑庄公不以为意，说："不用管他，多行不义必自毙。"

弟弟的背叛

又过了一段时间，叔段觉得攻城的时机已到。他事先和母后武姜商量，让她在城内做内应，为攻城的军队打开城门，接着自己就可以拿下郑庄公。这些消息自然传到了郑庄公耳里。这一次，郑庄公没有一笑置之，他立马派出两百辆战车进攻叔段所在的京地。叔段没想到庄公会提前攻过来，匆忙逃到鄢（Yān）地，后来又逃到了共（Gōng）地，再也没回过郑国。

郑庄公平定共叔段之乱后，对母后武姜的偏心终于忍无可忍。他把武姜放逐到城颍，对她说："这辈子不到黄泉我是不会再见你了！"这一听就是气话。

果不其然，没过几天郑庄公就后悔了。可他碍于颜面，不愿意主动去向武姜示好。这时候，镇守在颍谷的长官颍考叔听说了郑庄公的烦恼，于是前来帮忙。他对郑庄公说："大王想和母亲和好，这有何难呢？您派人去找个有地下泉水的地方，把那里当作黄泉，再挖一条隧道。您和母亲相约在那儿见面，互相把话说开，谁又会说您没有遵守誓言呢？"恍然大悟的郑庄公立马照做，最终顺利和武姜冰释前嫌。

成语讲堂

多行不义必自毙

不义的事做多了，必然不会有好下场。因为叔段最后留在了共国，所以历史上称这次叛乱为"共叔段之乱"。也有史书将这段历史记载为"郑伯克段于鄢"。

11

03

知人善任的
小大哥！

齐桓公：名小白。
齐国第十五任国君，
春秋五霸之首。

▲ "春秋五霸"指的是春秋时期的五位霸主，除了他们外，南方的吴王和越王也是非常出色的领导者。这七位诸侯虽然并非同时在位，但这个分布图可以让你了解到他们的位置所在。

世界

大事记

中国

公元前687年 中国首次记载天琴座流星雨

公元前651年 葵丘之会，齐桓公成为春秋第一霸主

春秋五霸之首

齐国（今山东）是商周时期姜子牙的封地。因为拥有黄河、泰山、渤海这样得天独厚的地理优势，齐僖公在位期间，齐国不仅多次主持诸侯会盟，还跟郑国一起击败了西北戎狄。这些功绩都使齐国成为了各诸侯国的小大哥。

然而，在齐僖公死后即位的齐襄公昏庸无度，不久就被他的堂弟公孙无知联合一众大臣杀害了。可自立为王的公孙无知后来也被自己的大臣谋害。那之后，齐襄公的弟弟公子小白便回到宫中即位，这就是大名鼎鼎的春秋五霸之首——齐桓公。

抛弃成见，任用真正的贤才

同齐桓公一道回到国都临淄的还有一人，那就是一直跟随他的大臣鲍叔牙。齐桓公登上君主之位后，想立鲍叔牙为国相。但鲍叔牙没有答应，反而推荐自己的好友管仲来出任齐相。管仲曾作为公子纠的心腹，与齐桓公一方争夺王位。齐桓公即位之初就想铲除公子纠一党，现在竟要他立管仲为

国相？开什么玩笑？

但管仲的人生挚友鲍叔牙却不放弃。他想方设法把管仲请到宫中，对齐桓公说："君上如果只想治理好齐国，那有我和高傒（Gāo Xī）就够了。但如果您想称霸天下，那非立管仲为相不可！"齐桓公听后半信半疑，但还是应允了鲍叔牙，心想："那就先听听这个管仲有什么治国的见解吧。"

没想到，齐桓公和管仲一聊就聊了一整晚，从如何治理国家聊到怎么称霸天下。齐桓公觉得管仲果然是个人才，最终抛下成见，立管仲为相。

管仲出任相国后，几次劝阻齐桓公大力铸造兵器。在他看来，国家自身的强大永远是最重要的。因此，管仲首先改革了齐国的用人制度——凡是有志之士，都可以通过民间推荐和考核制度来为国效力，这也为日后科举制度的建立奠定了基础。同时，管仲还将"士农工商"（即读书人、农民、工人、商人）列为国家的基石，使各个阶层的百姓在社会中都能有稳定的工作。在管仲大刀阔斧的改革之下，从前制

成语讲堂

管鲍之交

形容一段友谊就像鲍叔牙与管仲一样彼此信任，相互扶持。

度混乱的制盐业和铸钱业也被收归国家所有，齐国的经济也史无前例地快速发展了起来。

齐国的内政逐渐趋于稳定后，齐桓公便开始规划如何向外扩张。管仲建议齐桓公先去拉拢那些礼仪之邦。而其他内部已经人心涣散的国家，直接攻灭就好。

这时，邻国鲁国的内乱刚刚结束，新即位的鲁国君主对朝野之事还没有完全把控。于是，齐桓公立马派出使者与鲁结盟，稳定了鲁国的不安局面。在当时，鲁国可以说是中原第一大诸侯国，从春秋到战国时期，一直都有诸侯国定期给鲁国进贡。鲁国君主看到齐国出手相助，十分感动，在之后数十年，两国一直保持着友

好关系，互相帮助。想想看，如果有个小朋友，总喜欢帮助那些弱小的同学，你们是不是也觉得他非常可靠，想和他一起玩呢？齐桓公也正是因此成为诸侯国间的领军人物。

了齐桓公的霸主地位。第二次是"葵丘之会"，连周朝天子周襄王也派出使者出席。可见当时齐国霸业已经达到顶峰。

成语讲堂

一鼓作气

在齐桓公与鲁僖公交好之前，齐鲁两国曾有一场十分出名的战役，那就是长勺之战。在这场战役中，齐国仗着兵力强盛，三次敲响战鼓进攻鲁国。而鲁国军师曹刿在前两次鼓声响起的时候，都劝鲁庄公按兵不动，并对庄公说："大丈夫打仗比的就是勇气，一鼓作气，再而衰，三而竭。现在，他们的勇气没有了，我军却刚刚鼓足勇气。"果然，到了第三次战鼓声响，齐军已经偃旗息鼓，再无之前的嚣张气焰，鲁军因此成功抵御了齐国的进攻。

这里的"一鼓作气"指的是第一次击鼓能振奋士兵的勇气。而如今，"一鼓作气"常常被用来鼓励人们鼓足干劲，一次就完成所要做的事。

诸侯会盟是怎么回事

春秋战国时期，各诸侯国间常常会盟。这样的诸侯会盟通常都是由较强的国家提出一些新的制度和要求，到会的诸侯进行讨论，但最后都会表示同意并遵守。齐桓公在位期间就曾多次召集各诸侯国会盟，史称"九合诸侯"。

九合诸侯中最重要的会盟有两次。第一次是"北杏会盟"，那一次，众诸侯推选齐桓公担任诸侯盟主，首次承认

15

▲ 鲍叔牙把他的好朋友管仲推荐给了
齐桓公。管仲很有才华，后来果然
成了齐桓公的好帮手。

04

礼义高于一切！

宋襄公：名兹甫。
宋国的第二十任国君，
春秋五霸之一。

　　齐桓公在执政四十三年后因病去世。他料定几位公子一定会为了争夺君位大打出手，所以在生前，齐桓公就提前让宋国君主宋襄公帮助太子昭成为新一任齐国国君。

　　宋襄公没有辜负齐桓公的嘱托，协助太子昭即位，成为齐孝公。齐国内乱结束后，宋襄公的义举受到天下无数好评。但同时，他的野心也蠢蠢欲动起来。宋襄公心想："现在诸侯会盟群龙无首，不正是我称霸天下的好时机吗！"于是他效仿齐桓公，以盟主的身份召集诸侯会盟。这样的自作主张直接

惹恼了国力更强的齐、楚两国。到了会盟那一天，楚成王直接派人将宋襄公抓回楚国囚禁起来，直到鲁国出面调解，才将宋襄公释放回国。

　　回国后的宋襄公一直对楚国怀恨在心。一天，他听说郑国非常支持楚国成为新一任霸主，心中十分不悦，决定亲自率兵攻打郑国。郑国得到消息后，立马派出使者前往楚国搬救兵。没过几天，楚军与宋军就在泓水两岸相遇了。

　　两军相遇，宋国军队里立马有人发现楚军数量庞大，于是建议宋襄公趁楚军渡河之时

突然袭击。可宋襄公一口否决，认为这是不义之举："等楚国全军渡河结束、列队整齐后，我们才能正式开战。"

　　最后，宋军被骁勇善战的楚军打得节节败退，连宋襄公本人都身负重伤，第二年不治而亡。

世界　中国

大事记

公元前638年 楚宋泓水之战

▼ 楚军与宋军在泓水相遇了。

假如你是宋襄公，面对泓水
对岸的千军万马，你会做出
怎样的选择呢？

⊙5

没有公族的最强诸侯国！

晋文公：名重耳。
晋国第二十二任国君，
春秋五霸之一。

新势力取代旧势力

在周朝这样一个宗法社会里，嫡长子是家族的绝对继承者。嫡长子的家族被称为"大宗"，其他儿子的家族则被称为"小宗"。

公元前745年，晋文侯的弟弟桓叔得到了一块比晋国的国都翼城还大的封地——曲沃城。桓叔一族搬到曲沃后，把这里治理得井井有条，势力几乎与翼城相当，因此桓叔野心大增，想取代晋国大宗。于是，曲沃小宗与晋国大宗之间发生了很多次战争，可以说，

这是晋国一次长达七十年的内乱。最后，曲沃桓叔的孙子武公即位，并在与晋国的战争中获得了胜利，夺得晋国大权。

为了防范类似事件再次发生，晋国境内的其余公族（即有着周王室血统的公子们）被全部诛杀，晋国也逐渐变成春秋时期唯一一个没有公族的诸侯国。

被迫流亡的晋文公

春秋五霸之一的晋文公就是在这个时期登上了历史舞台。晋文公名重耳，在称霸中

成语讲堂

退避三舍

主动退让九十里，比喻为了避免冲突而主动退让。古代一舍为三十里。

18

公元前636年 重耳返晋即位，是为晋文公

原之前，他曾因晋献公听信后妃谗言，被迫在外流亡十九年。十九年间，重耳在八个诸侯国之间来回流亡，有的出手相助，有的袖手旁观。对了，千万注意，晋文公和前面说的晋文侯可不是同一个人！

重耳辗转去到楚国后，受楚成王邀请参加宴席。席上，楚成王问重耳："你要是能成功回到晋国，会怎么报答我今日对你的礼遇呢？"重耳想了想答道："大王见过那么多稀奇珍宝，我肯定拿不出更好的了。但以后若晋、楚两军交战，我军一定先退避三舍以求休战。可如果到时楚军不愿休战，那么我军也定奉陪到底。"楚国大臣子玉见他这般狂妄，劝楚成王趁他失势将之除掉。但楚成王并不赞同，反而对他的为人赞赏有加。

重耳离开楚国后到了秦国。当时在位的秦穆公同样十分欣赏他，不仅送了五个女子

▼ 晋文公重耳曾被迫在外流亡了很久。

19

给他，还亲自派兵护送他回国夺得君位。晋文公即位后，在晋国建立了三军六卿制度，将国家交由任六卿的十一个世族轮流管理。

晋的称霸

公元前633年，宋国又被楚军围攻。晋文公记起自己流亡在外时，宋襄公曾出手相助，立马率兵赶往宋国，想报答之前的恩情。同一时间，楚军将领子玉听说晋文公亲自出马了，不顾楚成王反对，带领了四万兵马前去抵御。于是，晋、楚两军在城濮相遇。晋文公没有忘记自己对楚成王许下的诺言，命令自己的部队退让九十里。然而子玉不但不退兵，反而率军冒进，最后晋军大败楚军，子玉含恨自杀。

晋文公在城濮之战后一战成名，周襄王封其为诸侯之长，自此，晋文公拉开了称霸中原的序幕。

成语讲堂

唇亡齿寒

公元前658年，在位的晋献公想要出兵攻打虢国，最近的出征路线必须经过位于两国之间的虞国。于是，晋献公派人前往虞国，询问虞公是否能够打开国门让晋军通过。虞公知晓晋国使者的来意后，正准备一口应允，一旁的大臣宫之奇出言劝阻："虢国在虞国的外围，两国的关系像牙齿与嘴唇一样相互依存。如果虢国被灭，虞国肯定也会被连累，所以借道一事万万不可啊！"然而虞公坚持己见，认为晋国与虞国不仅一直交好，更是同属一宗，怎么可能加害于己呢？于是决定打开城门任由晋军通过。结果，晋军果然在灭掉虢国后趁机偷袭虞国，抓走了虞公和大夫井伯，虞国自此灭亡。所以后来人们用唇亡齿寒比喻关系密切，利害相关。

世界

中国

大事记

公元前633年 晋楚城濮之战（晋文公成为春秋第三个霸主）

你一定会想，小小的一粒盐
会有什么力量呢？

知识充电站

盐的力量

你一定会想，小小的一粒
盐会有什么力量呢？

百姓每天做饭都需要盐。
这不仅是为了调味，更是为了
保证我们体内的水分平衡。然
而盐是一种人们很难自己制造
的调味品，必须从商人手中购
买。这样一来，国家就能通过
盐的流通收取商人的税金。因
此，如果一个国家靠近大海或
是盐湖，那就等于拥有了庞大
的金库。

春秋时期，齐国东临大
海，晋国境内有天然盐池，丰富
的盐产量让齐国、晋国自然而然
成为了称霸一方的经济强国。

06
称霸西戎的诸侯国！

秦

公元前628年，晋文公去世。蛰伏多年的秦穆公终于按捺不住称霸中原的欲望，开始着手向东扩张领土。秦穆公心里盘算着："既然是要称霸中原，肯定得攻下一个诸侯国吧。"

这时，郑国君主郑文公刚刚去世。秦穆公觉得这正是拿下郑国的好机会，便召来老臣蹇（Jiǎn）叔商讨出征郑国的具体计划。

蹇叔一听秦穆公想攻打郑国，极力反对道："郑国本就不是我们的邻国，中间还隔着强大的晋国，征讨这样的国家，不仅会使军队疲劳，还会给足对方时间做防备工作。这样百害无一利的事情，请大王三思啊！"

可秦穆公觉得蹇叔是因为年纪太大，过于保守，所以他决定按照原计划，派出百里奚之子孟明视和蹇叔之子西乞术、白乙丙共三位大将出征郑国。出征前，蹇叔流着泪送别三位大将，说："这次你们出征会经过晋国，晋军肯定会在殽山（Xiáoshān）伏击你们。殽山有两座山峰，我恐怕是要去中间那条隘道收殓你们的尸体了。"

不久后，蹇叔就收到了秦军无功而返的消息。不仅如此，秦军在退兵西归途中，还遭到了晋军布置在殽山的伏击。秦军在

秦穆公：本名任好。秦国第九任国君，春秋五霸之一。

殽之战中被全数歼灭，三位大将作为俘虏都被押回了晋国。

秦穆公在殽之战中大大受挫，他知道，短时间内很难继续向东扩张。但他的野心又并不满足于现在的疆土。后来，秦穆公率领秦军一路向西，决定先去解决一直在边界骚扰秦国百姓的西戎各部落。

剩余数十个西戎小部落见秦军来势汹汹，便全部归附于秦国。秦国因此扩张了领土千里，当时在位的周襄工为此特别派使者前去庆贺。秦穆公也正式成为了春秋五霸之一。

▼ 秦穆公收服西戎各部落后，成功成
　为春秋五霸之一。

07

第一个敢于称王的诸侯国！

楚的崛起

看到这里，你有没有发现春秋时期大多数君主都是"公"或者"侯"？

周朝的爵位由高到低分为五等：公爵，侯爵，伯爵，子爵，男爵。对以黄河流域为中心地带的周王朝来说，长江流域的诸侯国都是偏远的南蛮地区，国君只能受封子爵这样排位靠后的爵位。

到了春秋时期，周王朝威慑力变弱，以楚国为首的南方诸侯国一步步崛起。早在公元前740年，当时的楚国国君熊通就僭越称王，是为楚武王。

楚国在楚武王、楚成王的带领下，以南蛮的身份一步步踏进中原地区。楚庄王即位时，更是大力发展国内的农业经济，使老百姓们的生活变得越来越殷实。楚国就这样一步步成为了一方强国。

九鼎有多重？

公元前606年，楚庄王率兵征伐陆浑戎。

陆浑戎离周朝都城洛邑很近，于是楚庄王借机将军队驻扎在了洛邑城外。这可把才即位不久的周定王吓坏了，急忙派大夫王孙满前去慰问楚庄王。楚庄王见周定王不亲自来慰问，心里不悦，直接问王孙满："九鼎的大小轻重是多少？"话毕，大臣们都倒吸一口冷气。九鼎代表整个周王朝政权，楚庄王这么一问，对周王朝的挑衅昭然若揭，不知这王孙满会如何应对。

好在王孙满本就善于应对刁难，并没有被楚庄王的嚣张气焰吓到，说道："自古以来，鼎的轻重大小就不在于实际的重量，而是在于持有者的德行。九鼎是上天赐予周朝的，虽然周现在国运不济，但天命并没有改变。因此，这九鼎的轻重大小依旧是不能随意问的。"王孙满的从容应对实在搅了楚庄王的兴致。为了显示自己的德行与气度，楚庄王只好先带领军队回到南方。

楚庄王：名旅（一作侣）。楚国第二十二任国君，春秋五霸之一。

24

问鼎中原

比喻有私心，图谋夺取政权。出自楚庄王询问周朝九鼎大小，企图夺取天下的典故。

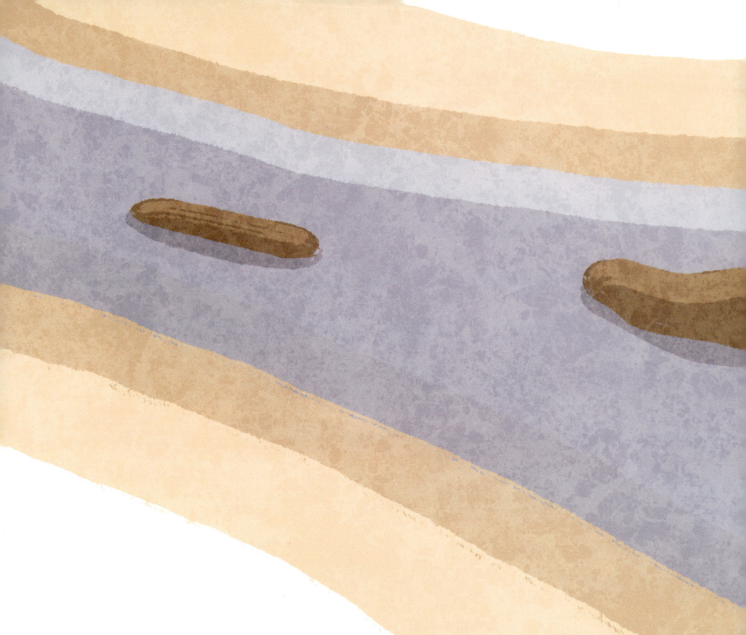

有记载的黄河第一次大改道

　　周定王五年（公元前602年），黄河决堤。洪水从宿胥口夺河而走，一路向东，最终从沧州流入渤海。这是历史上有文字记载的黄河第一次改道，同时也是一次因自然原因发生的大改道。

　　黄河流域是中华文明最主要的发源地。其上游地区大部分是山地丘陵，中游地区则是黄土高原。因此，河水流到中游无法避免地会带走大量流沙，这些流沙一路流到下游地区，就堆积出了大量沙包。随着时间推移，这些沙包越堆越多，越堆越高，渐渐阻挡了黄河水原本的去向。这就是黄河自然改道的缘由。

　　而对住在黄河沿岸的老百姓来说，这些突如其来的洪水无疑是一场难以预知的灾难。农田被淹没，房屋被冲走，大量灾民无家可归。在大自然的力量面前，人类是多么渺小啊！

26

▶ 流动的黄河会带走大量的流沙，它们堆积成沙包，慢慢改变着黄河的流向。

成语讲堂

一鸣惊人

一声鸣叫使人震惊。比喻平时表现平平，突然做出惊人的事情。一鸣惊人与大器晚成都被韩非子用来描述楚庄王即位初期的表现。

楚庄王熊旅是楚穆王的嫡长子。公元前613年，还不到二十岁的楚庄王登上楚国王位。面对楚国内部的种种矛盾，初来乍到的他选择韬光养晦。三年间，他表面不问朝政，天天纵情歌舞，但暗地里却在全面了解朝廷结构，为日后稳定国内局势做准备。三年后，楚庄王羽翼渐丰，率军攻灭了进犯楚国境内的庸国，同时还任用以孙叔敖为首的大批贤臣，大力发展楚国国力，成为一代明君。

楚庄王执政期间，向中原扩张的计划进一步加快。而在这条称霸之路上，楚国最大的劲敌便是晋国。虽然在城濮之战中，楚军曾被晋军打败，但三十年已过去，楚军实力早已恢复，加上秦、宋两国的归顺，楚庄王的霸主之位似乎已近在眼前。但这时出现了一个令人不安的变数，那就是郑国君主郑襄公。

与秦、宋两国不同，郑国一直是个墙头草，一会儿跟随晋国，一会儿又跟随楚国。于是，为了拿下郑国，晋、楚两国之间爆发了第二次战争——邲之战。

这场战役中，一方是由楚庄王亲自带领的楚国军队，另一方是由名将荀林父带领的晋国军队。交战之际，晋军内部还在为是否出兵而争执。楚庄王见晋军人心涣散，立马率领士气高涨的楚军开战，最终一举击溃晋军，彻底洗脱在城濮之战中战败的耻辱。

楚国在邲之战中的胜利使郑国最终屈从于楚。没过几年，鲁国也在大势之下选择依附楚国。至此，楚庄王终于夺得了中原霸主的地位。

▶ 楚国的将军与士兵。

08

新的土地制度
会带来什么？

在周王朝的奴隶制社会中，通用的土地制度为井田制。通过井田制，土地被分割为九个小方块，四周为八块私田，中间为一块公田。奴隶主有权命令手下的奴隶去无偿耕种这些私田，并且将所有收获收入囊中。而最中央的那块公田，则需要四周私田的奴隶主共同负责耕种，然后将获得的收入全部上交给封地的贵族。

公田就逐渐衰败，私田发展了起来。面对这个势头，许多国君不得不进行改革。在春秋晚期，齐、晋两国首先把一些田分给了耕种者，实行个体生产。鲁国则率先实行了初税亩。初税亩是在井田制原有的土地划分下，对私田和公田都按照土地面积收取统一的赋税，直接认可了普通百姓拥有土地的合法性。这样一来，百姓都更愿意为了自己的利益而耕种，鲁国的社会生产力也得到了大幅度提升。

这些阡陌交错的方形田地是不是和"井"字很相似呢？

根据井田制的规定，无论是公田还是私田，土地所有权都只属于周王朝。在私田上耕种的奴隶主们不能私下转让田地，普通百姓更不可能拥有一块土地。但这并不符合人们的愿望，所以到了西周后期，

29

09

是谁平息了中原的战火？

 世界 大事记 中国

公元前550年 波斯第一帝国成立

公元前551年 孔子出生于鲁国　　　　　　　　　公元前546年 第二次弭兵会盟

春秋中后期，各诸侯国间的争斗已经从多国混战集中到了晋楚争霸。但这两个大国非常狡猾，它们从来不在自家境内打仗，偏爱在邻国土地上大打出手。其中受晋楚战争连累最严重的便是位于中心地带的宋国。

宋国一直被视为礼仪之邦。到了这个时期，宋国早已退出争夺中原霸主的比赛。即使屡遭晋楚战争影响，宋国国君也没有过多怨言，一直保持中立的态度。直到公元前579年，一个名叫华元的宋国大夫，因不愿再看到宋国百姓受战争之苦，于是派人将晋、楚的使者请到了宋国，接着又促使两国签订了休战合约，这就是著名的"华元弭兵"。其中弭兵就是平息战争的意思。

然而，晋、楚两国心里都没有把这次休战当回事。

在华元弭兵之后不久，晋、楚兵力都恢复到了最佳状态，双方同时撕毁和约，再次到鄢陵打了起来。虽然最后晋国取得了胜利，但晋、楚两国的主力军队都在这场战争中遭到重创，两个人国之间的熊熊战火这才终于平息。

公元前546年，宋国又有一位大夫发起了弭兵会盟，他就是向戌。华元发起的休战和约仅限于两个国家，而向戌邀请的诸侯国却有十四国之多，曾经的中原霸主们都在参会名单上。

这次会盟后，各国终于握手言和，还将晋、楚奉为中原霸主，各自平分霸权。大国之间的关系在接下来十几年中渐渐缓和，诸侯争霸的中心也渐渐从北方转移到南方。

▲ 晋、楚的使者到宋国，约定休战。

10
以少胜多的南方霸主！

悄然崛起的吴国

在中原各诸侯国还没息兵罢战之前，位于长江中下游的吴国就已经悄然崛起。

公元前586年，吴国国君寿梦自称为王。他刚登上王位，就派使者到中原去，希望能和各方势力搞好关系，还得到了晋国的扶持。在晋国的帮助下，寿梦在吴国境内大力发展军事，不仅首次引进战车，还让士兵们熟悉各项排兵布阵的方法。

寿梦这些大张旗鼓的举动虽然成功壮大了吴军，但同时也暴露了自己想要扩张领土的野心。可惜寿梦没能亲眼见证吴国称霸。最终，带领吴国称霸的是后来的国君阖闾。

一次刺杀行动！

阖闾本名光，他在登上王位之前都被称为公子光。

吴国国君吴王僚还在位时，公子光就对吴王僚的位子虎视眈眈。这时正巧来了一位投奔吴国的楚人，他看出了公子光的私心，对公子光说："我有办法帮助公子坐上王位。"这个人就是伍子胥。

伍子胥的计划很简单，他要刺杀吴王僚。于是，他给公子光引荐了一名善武的刺客——专诸，并让公子光将专诸留在自己府上当门客。

公子光接纳了专诸，不久后便邀请吴王僚来叙旧。吴王僚不愧为一国之君，护卫的军队从宫城一直排到宴会门前。公子光为了不让行动暴露，将宴会设在了一间隐秘的地下室中。

宴会开始后，专诸扮成仆人的模样，端着一道烤鱼缓缓走入地下室。走到吴王僚面前时，他迅速从鱼腹中掏出事先藏好的鱼肠剑，将吴王僚一击毙命，但他自己也死在了卫队

世界 大事记 中国

公元前499年 希波战争爆发　　约公元前484年 古希腊历史学家希罗多德出生

公元前506年 吴楚柏举之战

▼ 专诸带着鱼肠剑，要刺杀吴王僚。

33

的长矛下。眼看吴王僚和专诸接连倒地，公子光放出了提前埋伏在地下室的侍卫，将剩余的吴王僚人马也全部诛杀。

刺杀行动顺利结束，公子光率领部队入主宫城，就这样成为了后来的吴王阖闾。坐上王位后，阖闾没有忘记专诸的功劳，很快将专诸的儿子封为上卿，并且一直对专诸的后代照顾有加。

吴国的称霸

阖闾虽然成功即位，成为吴王，但吴国任凭他一己之力依旧很难和南方霸主楚国抗衡。就在这时，那些一直被楚国欺负的小国决心集体背叛楚国。

阖闾听到消息后，心想："如今多方势力一起抗楚，我可不能错过这个千载难逢的机会！"于是，他带着三万兵力浩浩荡荡向楚国都城郢（Yǐng）进发。

从地理位置上看，吴国位于楚国下游。因此，如果吴军坐船前往楚国，逆水行舟，速度会非常缓慢。吴军的军师孙武就对阖闾说："大王，我们还是派一部分军队走陆路吧！趁楚军没有防备，让这队前锋打他们一个措手不及。"阖闾采纳了孙武的建议，随即派出三千精兵一路兼程到汉水。

吴军的突然出现吓坏了当时在位的楚昭王。在毫无准备的情况下，楚昭王急忙出兵抗敌。被派去抗敌的将领囊瓦是一个好大喜功的人，满脑子想的都是如何立功领赏。面对吴国大军，囊瓦不顾大局擅自渡河，一路追击吴军到大别山一带，结果却三战三败。最后，吴楚两军在柏举对峙，阖闾的弟弟夫概带领军队主动出击，打得楚军阵脚大乱，逃的逃，投降的投降。

楚昭王听到楚军战败的消息后，连夜向西逃跑。最后阖闾带领军队顺利攻下郢都，吴国也从区区小国一跃成为南方霸主。这次吴楚相争就是历史上著名的以少胜多战役——柏举之战。而其中居功至伟的吴国军师孙武，就是被世人敬仰的"兵圣"，著有《孙子兵法》十三篇。

▶ 吴军兵分两路攻打楚国，一路走水路，一路走陆路。

35

11

春秋时期的
最后一位霸主！

吴越之争

吴国称霸后，邻近的越国不高兴了。

越国位于吴国的南边，一直想北上进入中原，但吴国并没有任由越国从自己境内穿过去的打算。因此，吴越两国之间的战争一直没能停歇。

吴国与越国都是位于长江中下游的诸侯国，它们各自的崛起都离不开前面说到的"晋楚争霸"。一开始，晋国为了制约楚国，出手帮吴国发展军事。楚国见邻居吴国越来越强，担心自己的南方霸主之位不保，便开始扶持吴国旁边的越国。

公元前496年，吴王阖闾亲自率兵攻打越国。这时越国的君主是刚即位不久的越王勾践，在勾践的指挥下，越军很快占据上风，越国大将灵姑浮还成功斩下了阖闾的大脚趾。此战胜负已定，身负重伤的阖闾只好先回国疗伤，但伤势一直没有好转。不久，阖闾便病逝于宫中。吴国的王位传给了阖闾的儿子——夫差。

卧薪尝胆的故事

夫差即位后，第一件事就是报杀父之仇。

远在越国宫中的勾践似乎感受到了夫差的怒火，他不顾大臣的劝阻，决定先发制人。然而夫差等的就是这一天。为了报仇，夫差派出训练多时的五万精兵，与三万越军大战于夫椒山，最后打得越军节节败退。勾践这才意识到自己的莽撞，只好先向夫差请降，并许诺从此越国就是吴国的附属国。

吴国大臣伍子胥并不相信勾践。他劝夫差："大王，千万不要和勾践讲和啊！他并不是一个贪图安乐的人，现在讲和，越国日后一定会反咬一口的！"但夫差当时心中还惦记着中原霸主的位子，没有心思与越国纠缠。于是，他答应撤回吴军，但有一个条件，那就是越

公元前469年 古希腊哲学家苏格拉底出生

公元前473年 越王勾践灭吴

王勾践和越国大臣范蠡必须作为人质待在吴国。

勾践作为一国之君，成为人质被带回吴国已经是奇耻大辱，可吴王夫差的复仇计划还没真正开始。为了宣泄心中怒气，夫差让勾践和范蠡去田野间放牛牧羊。除此之外，他还让勾践和范蠡做很多脏活累活，把他们当作下人对待。面对夫差的报复，勾践忍辱负重，终于在三年后获释，随即回到越国。

回到越国后，勾践一刻都不敢放松。为了牢记在吴国的三年之辱，勾践每日睡在稻草堆上，第二天清晨醒来再尝一口挂在墙上的苦胆。艰苦的环境加上苦涩的胆汁，让勾践更坚定了要让越国强大起来的决心！

接下来十年间，勾践将大部分政事交给重臣们负责，自己则每日跑到农田与农夫们一起耕地。越国的百姓看到国君如此勤恳，纷纷开始跟随勾践的步伐辛勤劳作。同一时间，勾践与范蠡为了防止吴国继续壮大，将精挑细选的一位越国美人献给了夫差。夫差见到美人后果然十分高兴，不仅为她修建华丽的宫殿，还变得无心朝政，整日只知道去美人宫中欣赏歌舞。这位越国美人就是西施。

▼ 勾践与范蠡成了吴国人质，要服侍吴王。

来了！一个称霸中原的机会

西施虽然在一定程度上麻痹了夫差对国事的关心，但却难以动摇夫差想称霸中原的野心。在夫差眼里，越国早已不是自己的对手。在夫椒山一役结束后，勾践也没有什么越线的举动。夫差便觉得少了这后患之忧，称霸中原的机会不就是现在吗？

公元前482年，夫差带着万人大军浩浩荡荡地前往黄池与诸侯会盟。勾践则趁吴国全军远征带兵攻进吴都，杀害了吴国太子。尽管夫差在得到消息后率兵赶回，但吴国从此失去了对越国的掌控。

到了公元前473年，勾践再一次伐吴。这是两国之间最后一次交战，但这时的夫差已经失去了往日的霸主气焰。勾践带兵攻进吴国宫城，夫差还想求和，但被范蠡直接拒绝。最后，夫差拔剑自尽，吴国正式灭亡。

紧接着，勾践在徐州与各诸侯会盟，成为春秋时期最后一位霸主。而勾践的心腹大臣范蠡则在他成功称霸后选择隐退，以"陶朱公"的名字到市井间做起了生意。凭借着过人的头脑，范蠡没过多久就成为商界翘楚，还写了一本《陶朱公生意经》。当时，吴国的大街小巷都在讨论："这陶朱公经商这么厉害，真可谓一方商圣啊！"

▼ 勾践卧薪尝胆，最终成就大业。

成语讲堂

卧薪尝胆

用勾践的故事来形容一个人为了完成目标忍辱负重，发愤图强。

趣味典故

盲目模仿的东施

在西施被范蠡献给夫差之前，曾发生过一个到现在都家喻户晓的小故事，故事的名字叫"东施效颦"。

相传有段时间，西施患上了心口痛的毛病，走在街上常常皱着眉头捂着胸口。然而以西施那样的相貌，即使皱着眉头也是一个大美人。西

施的邻居看到了这沉鱼落雁的一幕，心里便想："如果我照着她那样做，说不定我能和她一样美！"于是第二天，这位邻居也开始皱着眉头捂着胸口走在大街上。其貌不扬的她心里美滋滋地走在街上，浑然不知她这副样子吓得旁人躲的躲，逃的逃。后来，大家就给这位邻居取了"东施"这个名字，用来影射那些盲目模仿别人的人。

▶ 东施盲目模仿西施，可吓坏了邻里。

12

一本书，讲完春秋历史

春秋时期，诸侯国只要会打仗，就有机会成为中原霸主，但这种靠武力获得的霸主之位很难让人信服。要想真正赢得天下的尊重，最重要的条件有两个：一是拥有周朝的王室血统，二是保留着周朝的礼仪。

西周时有一位对周朝政局和儒家思想的发展都十分重要的人物，他的名字叫姬旦，是周武王姬发的四弟，后世称他为周公旦。西周初年，周公旦的长子伯禽得到了一块自己的封地，这就是鲁国。鲁国立国时间早，因此对传统周礼的保存和实施非常完整。到了春秋时期，鲁国自然就成为各诸侯国中最有声望的国家啦！

自周平王迁都到洛邑，鲁国史官就开始按照时间顺序记录各国的重要事件。诸侯国若是发生了大事，会专门派遣使者去鲁国报告。但春秋时期社会动荡，各诸侯国有时也会忘记此事。所以后来，人们在研究春秋历史时会发现，其他史书中有许多《春秋》一书没有记载的事件。但这并不会影响《春秋》的重要性，只怪当初各诸侯国太忙了！

《春秋》全书语言极其精练，普通百姓们很难读懂。因此便出现了很多解释《春秋》的书籍，其中最重要的便是"春秋三传"——《公羊传》《穀梁传》《左传》。孔子晚年曾花费大量精力整理《春秋》，而由他整理后的版本就是现在留存下来的《春秋》啦。

后人在读完孔子所修的《春秋》后，感慨文中句式虽然简短，但总能在记叙中精准地表达出作者的思想倾向，实在是一门语言艺术。于是，后世把像这样文笔隐晦曲折，意含褒贬的文字称为"春秋笔法"，也用来描述那些微言大义的作品。

世界
大事记
中国

公元前427年 古希腊哲学家柏拉图出生

13
战国七雄的诞生！

乱世再临

　　春秋的尽头，就是战国乱世的开始。当时影响力最大的七个国家被称为"战国七雄"，它们分别是：齐、楚、燕、韩、赵、魏、秦。

世界

大事记

中国

公元前384年 古希腊哲学家亚里士多德出生

公元前403年 三家分晋　　　　　公元前386年 田氏代齐

大家有没有发现，春秋时期称霸一时的晋国不见了。它去哪儿了呢？

还记得晋文公重耳在晋国设置的三军六卿制度吗？这个制度改革不仅重整了军队，还将晋国的管理权交给了十一个六卿世家，后来只有韩氏、赵氏、魏氏、智氏、范氏、中行氏六家长期占据卿位。为了防止一方独大，这六大世家一直相互牵制，度过了两百多年。可到了晋定公执政期间（公元前511年—公元前475年），六卿中的范氏和中行氏逐渐没落，从此六卿变为四卿，晋国接着由他们几家掌管。

在智、赵、韩、魏四家中，智氏的实力最强。当时智氏的掌权者智瑶仗着自己势力强大，就向韩、魏索要土地，韩康子和魏桓子只好乖乖奉上。据记载，智氏无故索要土地，韩康子和魏桓子本来是不想给的。可他们的家臣认为，顺从地奉上土地，能让智氏变得骄傲，而智氏的贪得无厌也会让邻邦感到害怕，这样一来就能借助天下人的力量一同对付智氏了。

韩、魏两家都觉得很有道理，所以给了智氏自己的土

▲ 共同管理晋国的四卿。

地。果然，高兴的智氏又向赵索取土地，结果碰了钉子，遭到赵襄子的拒绝。所以，智氏决定攻打赵氏，还找来韩氏、魏氏，要求他们一同出兵合围。赵襄子则派人前去说服了韩氏、魏氏，两家临阵倒戈，与赵氏一起进攻智氏军营，擒杀了智瑶。后来，三家不仅杀了智氏全族，还瓜分了智氏的封地。

随着赵、魏、韩三卿越来越强，晋国国君的地位已经岌岌可危。到了公元前403年，周朝天子威烈王正式把晋国三卿列为诸侯。赵国、魏国、韩国由此诞生，他们在接下来几十年里，将晋国所剩无几的国土瓜分完毕。这就是历史上著名的"三家分晋"事件！

▼ 赵、魏、韩三家越来越强大，便想瓜分晋国。

偷窃国家的人

晋国从此消失了，而曾是中原"小大哥"的齐国也经历了同样的遭遇。

早在齐桓公时期，陈国有一位公子为了避祸来到齐国，他的名字叫陈完。一开始，齐桓公想封陈完为"卿"以辅佐国事，却被陈完婉言谢绝。齐桓公见陈完对高位不感兴趣，便给了他一个叫"工正"的官位，让他去管理工匠营造。就这样，陈完带领田氏一族在齐国安顿了下来。

你知道在古语里，"陈"与"田"读音相近吗？

田氏一族在陈完去世后世袭了他的官职，但他们并不满足于"工正"这样的小官位，开始在暗中发展田氏一族的势力。春秋中后期，田氏一族已经成为齐国望族。当时的首领田成子发起政变，在杀死当时的国君齐简公后，拥立齐简公的弟弟为国君。他自己则坐在国相的高位，控制着齐国内外的所有事务。

到了战国初期，齐国国相的位子依旧被田氏把持着。当时，在位的齐康公整日沉迷酒色。田氏首领田和作为国相，实在难以忍受齐康公的昏庸，最终将他放逐到了海滨。随后，田和又在魏国的支持下，顺利坐上齐国国君的位子，成为田齐的第一位国君。为他封侯的周天子正是周威烈王之子——周安王。

至此，田齐正式代替姜齐。

从周威烈王和周安王父子对以上两件事的纵容便可以看出，从前看似凌驾在所有诸侯国之上的周天子，地位一落千丈，已经丧失了约束诸侯的权力，"天下共主"成为一个空壳。诸侯之间混战不休，但权力的天平不会永远倾向哪一方，一个强国可能被更强的诸侯国打败。而为了兼并他国，各诸侯国也在锐意革新，社会从此进入了新时代。

14

他们是
乱世中的变法者

	李悝(Lǐ Kuī)变法	吴起变法	商鞅(Yāng)变法
国家	魏国	楚国	秦国
国君	魏文侯	楚悼王	秦孝公
主要条例	1.废除贵族世袭制，选贤任能； 2.大力发展农业生产； 3.作《法经》六篇。	1.削减贵族爵禄； 2.削减官员及其俸禄，将财力用于发展兵力； 3.制定法律。	1.废除贵族世袭制； 2.废除井田制，承认土地私有； 3.统一度量衡； 4.推行县制，编制户口。

　　乱世中，每个国家都想改变自己，变得更加强大，否则就难以在这样混乱的局面中生存下去了。而且大家都在进步，如果自己不做出改变，不也相当于在退步吗？为了实现强国的理想，各国纷纷变法，他们都采取了哪些措施呢？一起来看一下吧。

45

世界　大事记　中国

公元前356年 亚历山大大帝出生于马其顿王国

公元前356年 秦国商鞅变法

战国初期，以魏国李悝为首的变法者们在各自的国家大刀阔斧地进行改革，废除旧制度，颁布新条例。在全新的制度下，百姓们发现贵族们不再像从前那样为所欲为，自己也有机会去做想做的事。想做官的可以靠战功做官，想耕地的也能拥有自己的产业。大街小巷里的欢声笑语也随之多了起来。

可是，好景不长。支持变法的国君们相继去世，各国的旧贵族们为了重新拿回自己的利益，纷纷开始打压这些变法者。轻则废除他们的变法条例，重则直接处死。就这样，昙花一现的变法时期结束了，但它所倡导的精神仍然在持续影响着百姓们的生活。

李悝

战国时期魏国著名的政治改革家和法学家，曾汇集春秋战国时期各国变法经验，编著《法经》。

吴起

战国时期卫国政治家、军事家，兵家代表人物，著有《吴子兵法》。

商鞅

本名公孙鞅，因在秦收复河西之战中立功获赐商於之地，世人才称之为商鞅。战国时期卫国政治家、改革家、思想家，法家代表人物。入秦主持变法，著有《商君书》《秦律》。

15

百家争鸣，
战国时期的思想巅峰

小朋友们都有自己的学校吧？你们喜欢上学吗？学校有老师和同学，大家在那里可以学到很多新知识，也可以和老师、同学们讨论问题，对吗？战国初期，也有非常类似的地方，但它不叫"学校"，而是叫作"学宫"，其中有一座特别的学宫，建在齐国临淄城的稷门附近，所以人们又叫它"稷下学宫"。

稷下学宫最大的特点是，它欢迎各个学派和阶级的学者来讨论自己的学说。鼎盛时期，学宫里常常挤着成百上千的学者，不同学派、不同国别的学者都能在此自由地谈论政治，研究哲学。

▲ 不同派别的学者在稷下学宫进行辩论。

稷下学宫的热闹是中国学术蓬勃发展的一个缩影。春秋末期到战国时期，诸子百家纷纷涌现，争芳斗艳，这个局面被称为"百家争鸣"。其中最有影响力的四大家是道家、法家、儒家和墨家。你知道他们各自倡导的都是什么思想吗？

47

战国时期的各个学派

派别	主张	主要代表人物	主要代表著作
道家	无为	老子、庄子	《道德经》（又称《老子》）、《庄子》
法家	法治	管仲、子产、韩非子	《商君书》《韩非子》
儒家	仁	孔子、孟子、荀子	《论语》《孟子》《荀子》
墨家	兼爱、非攻	墨子	《墨子》
名家	逻辑学	惠施、公孙龙	《公孙龙子》
阴阳家	阴阳五行	邹衍（Zōu Yǎn）	《周易》
农家	研究农业生产	许行	《神农》
杂家	兼儒墨、合名法	吕不韦	《吕氏春秋》
纵横家	纵横术	鬼谷子、苏秦、张仪	《鬼谷子》
兵家	兵法	孙武（孙子）	《孙子兵法》

成语讲堂

一字千金

形容一件作品文字价值极高。

战国时期，秦国丞相吕不韦在编纂完《吕氏春秋》后，十分满意，自认为文字已经精练到多一字少一字都不合适的程度。于是，他将全书公布在秦国国都咸阳城的城门旁，广邀天下学士前来评阅。不止如此，吕不韦还悬挂千金，当众许诺道："若谁能在这件文字作品上改动一个字，这千金便是谁的。"

道家 老子

老子、庄子是道家的代表，一般人们认为老子是道家的始祖。道家崇尚自由，主张"顺其自然""无为"。他们所说的"道"，就如同自然和宇宙的规则，但"道"用语言是难以形容的。道家的思想对中国哲学的发展起到了很大作用。但要注意，道家和道教是不一样的，道教是中国本土发展出来的宗教，道家则是一种哲学思想的学派。

法家 韩非子

春秋时，刑法条例只有贵族和重臣可以查看。可郑国的子产却认为，百姓们只有知晓了刑法内容，才能更好地约束自己。于是，他下令将郑国刑法铸到一座铜鼎上，让所有百姓都能阅读。至此，子产成了中国古代第一个公布成文法的人！到了战国时代，法家学派更加成熟了，其中的集大成者就是韩非子。据说，韩非子患有口吃，不善言辞，但却很会写文章——不仅语言简洁犀利，还常利用浅显的语言故事来论证道理。不过，《韩非子》并不是韩非子写的书，而是后人将他的论文收集编辑而成的。

儒家 孔子

孔子有一名学生叫子路。有一天，子路腰佩宝剑、身穿戎装去拜见孔子。见到孔子后，他拿出宝剑舞了几下，然后问道："夫子，古时候的君子们都是用剑来保护自己的吧？"孔子答道："古时候的君子，都把忠义作为自己人生追求的目标，把仁爱当作自己的护盾。对那些为非作歹的人，君子会用忠信感化他；而对那些常常侵扰别人的人，君子则会用仁义相劝。你看，哪里需要用剑来施加武力呢？"子路听后，恍然大悟，从此在孔子门下潜心学习。

墨家 墨子

鲁班与墨子是多年的好友。有一年，楚惠王为了攻打宋国，叫鲁班来为自己设计一种攻城的云梯。反对战争的墨子听到这个消息，立马赶到楚国阻止楚惠王与鲁班。楚惠王见状，一时无法决定，只好让鲁班与墨子做一次模拟战争，鲁班攻城，墨子守城，谁赢了，他就采纳谁的建议。于是，鲁班跟墨子把衣带当作城墙，一方用遍招式"攻城"，一方想尽办法"守城"。最后，鲁班手中武器已经都消耗完毕，墨子一方还绰绰有余。楚惠王见胜负已分，便答应墨子不再出兵攻打宋国。因墨子善于防守，后世便用"墨守"来形容牢牢守住某一事物。

49

你知道风筝也是鲁班的发明之一吗？

班门弄斧

在鲁班门前摆弄斧子，比喻那些在行家面前还不自量力、卖弄自己本领的人。

鲁国有一位善于营造的木匠叫公输般，因班与般同音，人们也常称他为鲁班。鲁班出生于一个工匠家庭，从小跟着父亲为了生计四处奔波，参加过许多建筑工程。鲁班把这些从小积累下来的经验与自己的想象相结合，发明了许多实用的木工器械。相传钻、曲尺、刨子（bàozi）等工具都是鲁班智慧的结晶。

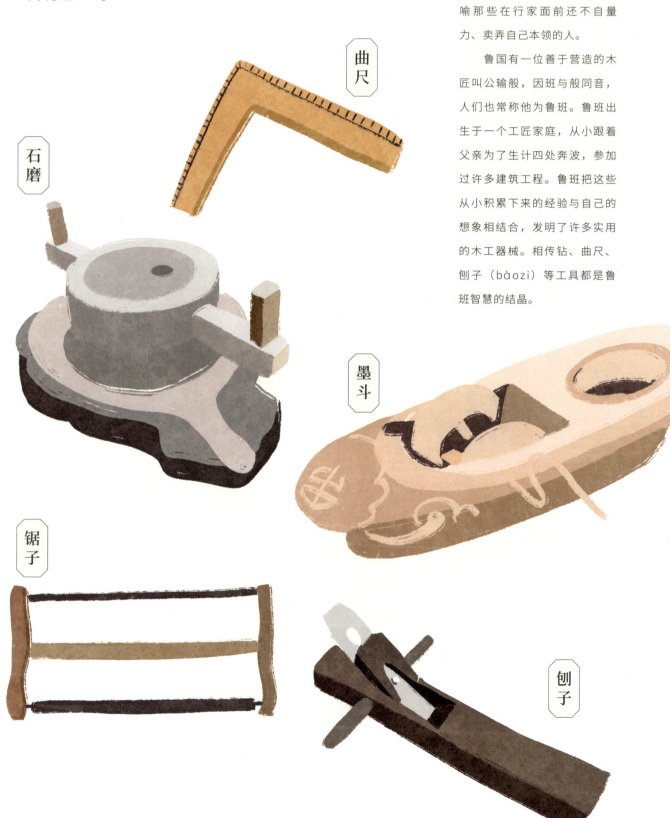

曲尺

石磨

墨斗

锯子

刨子

16

孙膑：
作为军师的智慧

围魏救赵

三家分晋后，赵、魏、韩三国之间为了各自的领土而纷争不断。

公元前354年，魏国派大将庞涓带兵围攻赵国。赵国因国力一直比不过魏国，只好派出使者去"小大哥"齐国那里求救。于是，齐国派出田忌、孙膑率兵赶往赵国国都邯郸。路上，军师孙膑对田忌说："我们何必去邯郸打得你死我活呢？我们就直接攻进魏国国都，难道还怕那庞涓不赶回来救驾吗？"田忌听完孙膑的计策，觉得实在是妙！于是立即拔营向魏国出发，最后成功帮赵国解围。这就是三十六计中著名的"围魏救赵"。

孙膑与庞涓的矛盾

想出"围魏救赵"这一妙计的孙膑，是纵横家鬼谷子门下的弟子，而魏国大将庞涓是孙膑当时的同学。因天资聪颖，孙膑在求学时一直深得鬼谷子偏爱。因此，心胸狭隘的庞涓一直嫉妒孙膑的才华。后

公元前335年 亚里士多德创办吕克昂学园

公元前353年 齐魏桂陵之战　　　约公元前340年 屈原出生于楚国

来，庞涓到魏国当了大将，擅自对孙膑施行膑刑（挖去膝盖骨的刑罚），让孙膑再也无法行走。为了记住这次耻辱，他正式改名为"孙膑"。至于他原本的名字，因为历史久远，已经无法考证。

孙膑被庞涓挖去膝盖骨后，碰巧遇上了齐国的一名使者。齐国使者十分欣赏孙膑的才华，便将他偷偷带回了齐国。回到齐国后，孙膑深受田忌的赏识，并成了田忌的门客。

五国相王

战国中期时，魏国遭遇了一系列打击，国力大损。面对日渐强大的秦国和齐国的威胁，公元前334年，魏惠王前往徐州与齐威王会盟，互相尊称对方为王，这就是徐州相王。公元前323年，为了对抗秦的连横策略，魏、韩、赵、燕、中山五国结成同盟。公平起见，也互相承认对方为王，这就是五国相王。

田忌赛马

田忌平时很喜欢赛马。有一次，齐威王与田忌赛马，规则是三局两胜。比赛即将开始，田忌发现两边的马可以按照能力分成上、中、下三个等级，但同等级的马实力都差不多，很难预测胜负。正当田忌苦恼时，孙膑来到马场边，他对田忌说："你想赢这场比赛有什么难的？你调整一下马儿的上场顺序不就好了吗？"田忌茅塞顿开，照着孙膑的计策，在三场比赛中成功赢了两场。

▼ 田忌赛马。

你知道孙膑口中的赛马顺序是怎样的吗？

回合	田忌所用马	齐威王所用马	结果
1	下等马	上等马	齐威王胜
2	上等马	中等马	田忌胜
3	中等马	下等马	田忌胜

成语讲堂

滥竽充数

不会吹竽的人却混在吹竽的乐师队伍里冒充乐师，比喻那些没有真才实学却想蒙混过关的人。

田齐君主齐宣王特别爱听吹竽，尤其爱听合奏，为此专门聘请了三百名乐师。南郭先生听说了这件事，便跑到宫里吹嘘人们听了他的演奏都十分感动。齐宣王听了很高兴，直接让南郭先生留在了乐师队伍里。

实际上，南郭先生根本不会吹竽。每次乐师合奏，他就混在队伍里，照着左右两旁乐师的模样假装吹奏，时不时还表现出特别投入的样子。就这样，南郭先生靠着这种不劳而获的行为，在宫里过起了舒心的日子。

可没过多久，齐宣王病逝，他将王位传给了自己的儿子齐湣王。听说这齐湣王也爱听竽，南郭先生在心里暗自窃喜。等到乐队觐见齐湣王那天，齐湣王却让乐师们一个个单独上台为他吹奏。原来，这齐湣王虽然和他父王一样爱听竽，但只爱听独奏，不爱听合奏。南郭先生见势不妙，立刻偷溜回住处，拿着行李就逃出宫了。

你认识这些春秋战国的乐器吗？

竽是战国时非常流行的吹奏乐器。

竽

世界各国都有鼓，而且制作鼓的材料各不相同，皮鼓、铜鼓、石鼓……图中的是战国的虎座鸟架鼓，是楚文化的代表文物。

鼓

公元前334年 亚历山大大帝开始东征　　　　公元前323年 亚历山大大帝逝世

公元前323年 为联合抗秦，公孙衍发起"五国相王"

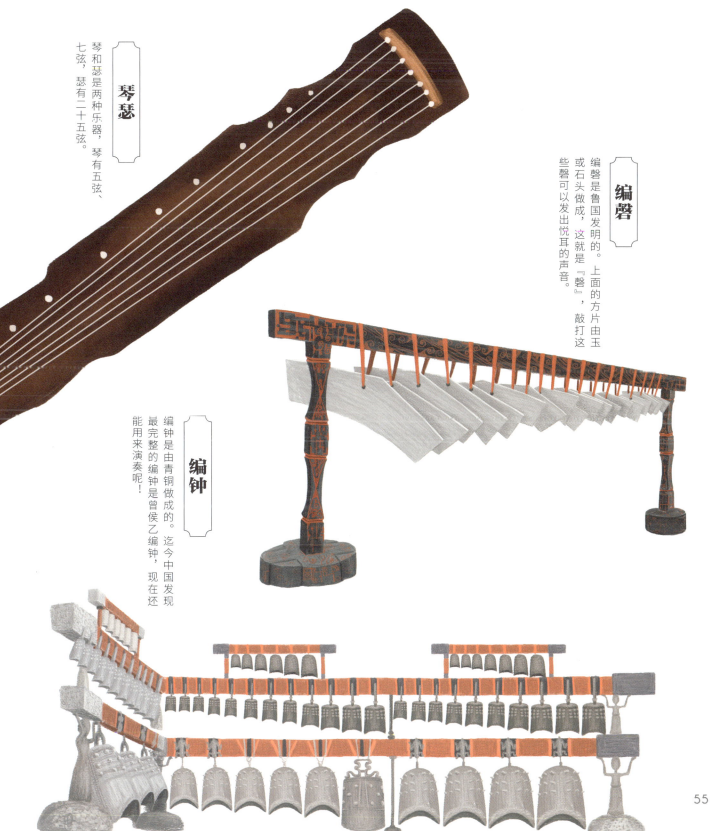

琴瑟

琴和瑟是两种乐器，琴有五弦、七弦，瑟有二十五弦。

编磬

编磬是鲁国发明的。上面的方片由玉或石头做成，这就是『磬』，敲打这些磬可以发出悦耳的声音。

编钟

编钟是由青铜做成的。迄今中国发现最完整的编钟是曾侯乙编钟，现在还能用来演奏呢！

17 他们有纵横天下的好口才

你知道合纵、连横是怎么回事吗？

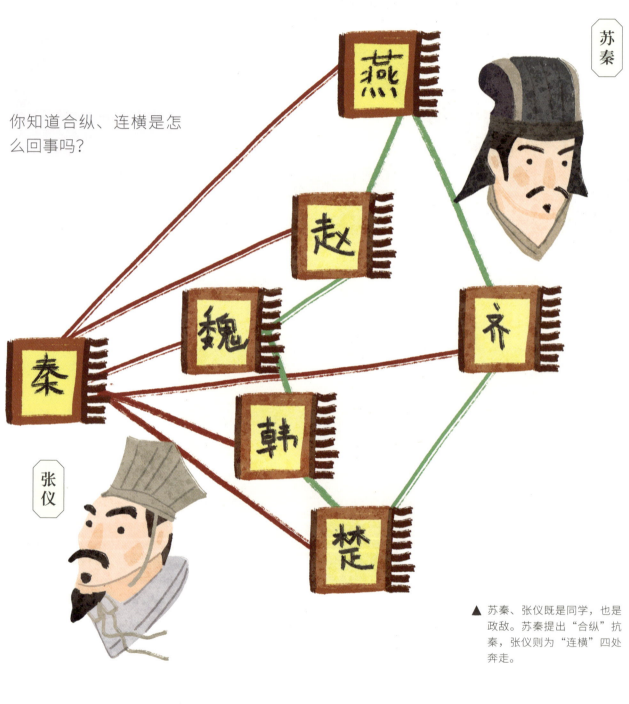

苏秦

张仪

▲ 苏秦、张仪既是同学，也是政敌。苏秦提出"合纵"抗秦，张仪则为"连横"四处奔走。

公元前305年 古埃及托勒密王朝开始

公元前318年 函谷关之战　　公元前313年 张仪入楚

商鞅变法后，秦国逐渐发展成为战国七雄中的最强国，这让其余六国不得不忌惮秦国的实力。这时，以公孙衍、苏秦、张仪为代表的纵横家们就登上了历史舞台。

纵横的意思就是合纵与连横。如果从地理位置上来看，中原六国土地正好南北相连，可以一起讨伐西边的秦国；而位于西边的秦国也可以由西至东横向与中原六国结盟。

因此，在秦国一家独大的局面下，中原六国都愿意抱成团共同抗衡秦国。

公元前318年，魏国纵横家公孙衍成功联合了赵、韩、燕、楚四国（实际只有韩、赵、魏出兵）一同在函谷关进攻秦国。函谷关是秦穆公时期修筑的，因为谷道十分狭窄，

所以一次只能通过一辆兵车。人们也常用"一夫当关，万夫莫开"来形容函谷关的地形。秦国见中原各国联起手来进攻，自然也全力出兵迎敌，却没料到联军在战前就各自心怀鬼胎、军心不稳。最后，中原联军被秦军打得节节败退，一路撤回中原。

公孙衍这次合纵并没能成功攻下秦国，但在他之后出现的一位纵横家代替他完成了这项任务，这个人就是苏秦。

苏秦是纵横家鬼谷子门下的学生，学成后游历各国多年。到了赵国后，苏秦提出合纵抗秦的战略，接下来几年里成功游说中原六国一同抗秦。秦国听说中原合纵联盟再次集结，不敢轻举妄动挑起战争，一直安分地待在函谷关外，这

一待便是十几年。

和平一直持续到鬼谷子的另一位学生张仪来到秦国。

张仪入秦后就开始为秦国连横各国。他首先来到楚国，一番游说后，成功说动楚怀王退出中原合纵联盟。紧接着，张仪又去到韩、齐、赵、燕四国，相继取得各国的信任。就这样，中原第二次合纵联盟在张仪的口才下分崩离析。

知识充电站

司南

无论是周游列国的说客，还是行兵打仗的将士，对他们来说辨别方向都是重要的必备技能。除了观天象、读年轮，随着冶铁技术的发展人们还发现了一种磁铁矿以及它的指向性。于是，人们将这种带有磁性的铁矿石铸成勺子的形状放在盘上，根据勺子的指向来判断方向，这便是指南针的前身——司南。

◀ 司南。

18

战国末期的
后起之秀！

赵国的改革

赵国地处北部，北有匈奴，东有燕国，西有秦国，南有魏国。四面受敌的情况下，连中山国这样的小国都敢时不时到赵国边界侵扰。直到赵武灵王即位，他意识到："只有军队变强了，周围的大小国家才不会瞧不起我们！"于是，赵武灵王开始在赵国境内推行军事改革。

但是，该怎样改革呢？赵武灵王思来想去，想到了一向骁勇善战的西北戎狄。他发现：西北戎狄军队那种窄袖短袄看起来十分便于行兵打仗。何不把这种服装引进赵国呢？紧接着，赵武灵王又想到：骑兵的战斗力和灵活力肯定高于传统步兵，这也是一个好主意！随后，赵武灵王便派专人天天教士兵们练习骑马射箭。

随着赵武灵王改革的深入，赵国骑兵的规模与实力逐渐成熟。赵武灵王心想："铲除中山国这个心腹大患的时机终于到了！"于是，他用了近十年的时间，率领骑兵五次出征，终于成功吞并中山国。

在赵武灵王之后，他的二儿子赵何即位，这就是有名的赵惠文王。

世界 中国 大事记

公元前307年 赵武灵王推行胡服骑射

▲ 赵武灵王推行军事改革，要求士兵们练习骑马射箭。

完璧归赵

公元前283年，赵惠文王得到了珍贵的和氏璧。秦昭襄王听说后，立马派人送信到赵国，希望用秦国十五座城池与赵国交换这块和氏璧。赵惠文王觉得这是一笔不错的交易，但又害怕秦国得到和氏璧后反悔，不给他秦国城池。

正当赵惠文王为此事烦忧时，宦官缪贤说道："大王，我门下有一谋士叫蔺相如，智谋双全，您可以见见。" 赵惠文王召见蔺相如后，果然十分欣赏他的胆识，便派他去秦国送这块和氏璧。

眼看赵国真的将这和氏璧带来了秦国，秦昭襄王十分高兴。他不仅直接拿过和氏璧，还让宫中妃嫔侍从纷纷传看。

蔺相如看秦昭襄王一直没开口提城池的事，便走到秦王面前说道："大王，其实这块玉上有块瑕疵，我指给你看。"秦王一听，立马将和氏璧递给蔺相如。蔺相如接过和氏璧，往后退了数步，强忍怒气，对秦王说："大王，和氏璧本是传世之宝，您想得到它，赵国不敢不给，赵王为

此还斋戒了五日。国家之间本应互相尊重，若您也能斋戒五日，并且如约交换您所许诺的城池，我便奉上这和氏璧。但如果大王您不愿，那我只好带着这和氏璧共赴黄泉了。"说罢便作势要将和氏璧砸碎在立柱上。秦王见状，只好答应了蔺相如的要求。他先在地图上勾出了要给赵国的十五座城池，然后便去准备接下来的斋戒。

但这其实是蔺相如的缓兵之计。他深知秦国自从秦穆公后就没有一代国君守信用，于是趁秦昭襄王斋戒期间，他就暗地派使者将和氏璧送回赵国，这就是"完璧归赵"的故事。

成语讲堂

完璧归赵

- - - - - - - - - - - - - - - - - - - -

比喻把物品完整地归还给原本的主人。

61

◀ 为了拿回和氏璧，蔺相如假装要把它砸碎。

负荆请罪

有一次，秦昭襄王派人邀请赵惠文王去渑池（Miǎnchí）一会。赵王虽然心里不愿，但还是在蔺相如的陪同下前去赴会。会上，秦王多次用语言羞辱贬低赵王，最后都被蔺相如挡了回去。会面结束后，赵王对蔺相如的忠心十分感动，回国后就拜他为上卿。

赵国当时还有一位名将叫廉颇，军功赫赫，他见蔺相如没立几项大功就坐上了比自己还高的位子，心中十分不悦，甚至说要当面教训蔺相如。但蔺相如一直回避廉颇，有时甚至请病假，不去宫里上朝，如果在路上碰见了廉颇，蔺相如也转头就走。人们都在背后纷纷议论："没想到这蔺相如是个胆小如鼠的人！"

蔺相如的许多门客也不认同他的所作所为。没过多久，这些门客就集体请辞，蔺相如为了挽留他们，终于解释道："我连秦王都不怕，怎么会怕廉将军呢？我只是不想与他起争执罢了。现在秦国独大，战火纷飞，若有一天开战，我与廉将军的不和岂不是会为赵国带来灾祸吗？"

这话不久便传进了廉颇耳

▶ 廉颇终于明白了蔺相如的苦心，自愧不如，跑来向他道歉。

里。廉颇听后十分惭愧，并且从心里佩服蔺相如的为人。于是，他脱下戎装，背上荆条，主动到蔺相如府中向他请罪。蔺相如见廉颇负荆而来，立马出门相迎。最后，两人冰释前嫌，并相约一同守卫赵国。

在他们的努力下，拥有超强骑兵的赵国最终在战国后期成为一方强国。与此同时，也成了秦国进军中原最大的阻碍。

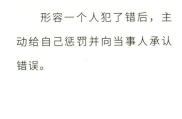

成语讲堂

负荆请罪

形容一个人犯了错后，主动给自己惩罚并向当事人承认错误。

19

统一天下，
也许只是时间问题

赵国悄然在中原崛起，秦国也加快了向中原挺进的步伐。

公元前279年，秦昭襄王派出大将白起攻破楚国的鄢城与郢都，导致楚国从此一蹶不振；后又在公元前262年与赵国战于长平。决战开始前，秦国的范雎（Fàn Jū）派人到赵军内部放出流言："秦国根本不怕现在的主将廉颇，赵括才是他们真正不敢对付的人！"

赵孝成王听到风声后，并没有察觉这是秦国的离间计，立马让赵括顶替了廉颇的主将之位。

没想到的是，赵括原来根本没上过战场，只知道纸上谈兵。这样的人怎么可能打得过久经沙场的白起呢？最后，秦军在将领白起的带领下，歼灭了赵军四十多万人，统一中原之路势不可挡。长平之战也因此被称为

公元前264年 古罗马与迦太基的第一次布匿战争开始

公元前278年 秦楚鄢郢之战结束，屈原逝世

知识充电站

屈原与楚辞

　　楚辞就是以屈原为代表人物，用楚地的方言来描写楚国自然风情的楚国诗歌。楚辞之美，除了体现在形式自由活泼、多用"兮"字外，还充满浓厚的浪漫主义色彩。屈原亲眼见证了楚国一步步走向衰败，一腔热血无处报国，最后在秦军攻破郢都后，在汩罗江投江自尽。这一天，正是农历五月初五。后世将这一天定为端午节，以此缅怀屈原的离世。

　　屈原虽死，但他所创立的楚辞并没有与他一起沉入江底。现在通行的《楚辞》一共有十七篇，除去屈原的主要作品，其余都是后世文人效仿屈原楚辞体所作。楚辞体也可称为骚体，因屈原的代表作《离骚》而得名，与《诗经·国风》合称为"风骚"。后来，人们也常用"风骚"来泛指文学。

▼ 屈原投江自尽。

成语讲堂

毛遂自荐

以毛遂的故事借指自告奋勇，自己推荐自己去负责一项工作。

平原君赵胜接到去楚国搬救兵的任务后，准备在自己门下挑选二十名门客一同前往。可他挑来挑去只挑出十九人，还差一人一直没找到满意的人选。

这时候，一名叫毛遂的门客自告奋勇，平原君问道："先生来我门下几年了？"毛遂答："已有三年了。"平原君想了想说："贤能的人处在世上，就像把锥子放入囊中，它的尖梢会立刻刺出来。您在府上三年，都还是无名小卒，想必没有什么才能。"毛遂并不退让，说道："那是因为我今日才要求您把我放入囊中而已。如果早把我放进囊中，尖梢早就刺出来了。"毛遂的一番话最终说动了平原君，他得以顺利跟随队伍出使楚国。到达楚国后，毛遂没有让平原君失望，成功说动楚国出兵救赵。平原君回国后就将毛遂奉为上等宾客，并且越来越注意观察每一名门客的才能。

战国局势的转折点。

长平之战后，秦昭襄王在范雎的建议下决定暂时不消灭赵国。只要赵孝成王能献出几座赵国的重要城市，秦国便答应休战。但赵孝成王并不打算就此认输，还派出使者与中原各国商定一同抗秦。

秦国见赵国不愿讲和，只好派兵围住赵国国都邯郸。赵孝成王一边令廉颇殊死抵抗，另一边派出平原君赵胜向魏、楚两国请求援助。魏国信陵君魏无忌得到消息后，想立马出兵帮助赵国，但被魏安僖王一口拒绝。于是，信陵君瞒着魏安僖王，把魏国虎符偷走，并以虎符调动了八万魏军前往邯郸。最后，魏军与楚国春申君黄歇带领的楚军一同协助赵国击退秦军，消耗了秦国大量兵力，成功延缓了秦国统一中原的进程。

▼ 赵括纸上谈兵。

成语讲堂

纸上谈兵

　　赵国名将赵奢的儿子叫赵括，年少时就熟读兵法理论。在他看来，如果谈论军事作战，天下人没谁能比得上自己的。他曾经和他的父亲探讨用兵之事，连他的父亲都说不过他。即使如此，他的父亲也不认为他会是个好将领。因为战争非常残酷，可赵括却说得太轻易了。赵奢对妻子说："如果赵国任用他做将领，以后一定会吃败仗的。"果然，后来的长平之战中，赵孝成王中了秦国的离间计，用赵括代替老将廉颇来统兵，结果导致赵军被秦军大败，死了数十万人。

　　后人用长平之战中失利的赵括来比喻那些只会空谈理论知识，不能在现实中解决实际问题的人。

20

五百余年乱世，
究竟会如何收场？

▲ 都江堰水利工程，造福了一方百姓。

世界

大事记

中国

公元前256年 秦人李冰主持修建都江堰；东周末代君主周赧（nǎn）王病逝，东周亡

李冰：战国时期著名水利工程学家，担任秦国蜀郡太守时主持修建都江堰等重要水利工程。

两个重要的水利工程

秦昭襄王除了征战六国，还一直关心秦国境内百姓们的生活。

早在公元前316年，秦国就吞并了西南的巴蜀。但是，巴蜀地区的百姓一直难以拥有稳定的收成。原来，巴蜀地区的成都平原有岷江流经，岷江水流湍急，常年发生水患。洪水如此频繁，百姓们还怎么生活呢？

公元前256年，知晓天文地理的李冰被秦昭襄王任命为蜀郡太守。上任不久，李冰便意识到了治水的必要性。他将自己的学识与前人治水的经验相结合，与儿子二郎一起实地考察数年，最终筑成了缓解岷江水患的水利工程——都江堰。都江堰建成后，岷江水患不仅得到缓解，原本湍急的江水还被分流到蜀郡各地，为当地农业发展做出了重大贡献。

公元前246年，秦王政即位。秦国实力越来越强，但许多国家并不愿意就此投降，韩国便是其中之一。为了削弱秦国，消耗秦国人力物力，韩国派出了一位名叫郑国的水工，希望他能劝谏秦王政修筑灌溉渠。尽管知道修筑水渠需要大量的人力物力，秦王政也没有拒绝。就这样，郑国花费了十年时间，最终凿出一条连接西边泾水与东边洛水的自流灌溉渠，这就是远近闻名的郑国渠。郑国渠完工后，灌溉面积覆盖了整个干旱的关中地区。这时韩国才发现，最初的计策不但没有削弱秦国，反而让秦国拥有了一座稳定的粮仓！

郑国：战国时期著名水利工程学家，在秦国用十年时间修建了大型水利工程郑国渠。

69

▼ 嬴政最终统一了六国，历史要进入新篇章了。

中央集权的开始

公元前230年至公元前221年的十年间，曾经阻挡秦国称霸的韩、赵、魏、楚、燕、齐六国被秦王政依次攻灭。也许当初谁也没有想到，结束这五百多年乱世的竟然是从前那个小小的边陲诸侯国。

秦王政在统一天下后，建立了中国历史上第一个中央集权制国家——秦朝，并且称自己为"皇帝"。至此，经历了夏商周的王国时代正式结束，而以皇帝为最高权力者的帝国时代还将在中国延续两千多年。

秦始皇：本名嬴政。秦国第三十一任国君，统一六国，建立秦朝。